AF263055

L41
b

CONCLUSION

DE L'HISTOIRE DES GIRONDINS.

LETTRE

DE M. DE LAMARTINE

A M. Jules Pautet.

1847

(*Extrait du n° 6 de la Revue de la Côte-d'Or.*)

CONCLUSION DES GIRONDINS.

LETTRE DE M. DE LAMARTINE A M. JULES PAUTET.

Frappé des dangers que portent en eux des principes absolus ou erronés, ce qui est presque la même chose, lorsqu'ils sont préconisés par des hommes éminents, loyaux et de bonne foi, nous avons, dans le dernier N° de la *Revue de la Côte-d'Or* héraldique, protesté contre la conclusion des *Girondins* de M. de Lamartine; nous nous sommes effrayé d'une doctrine qui tendrait à établir que les vérités utiles aux hommes ont besoin de sang pour fructifier; nous avons cité le passage suivant de cette conclusion à jamais déplorable sous une plume puissante :

« Une nation doit pleurer ses morts, sans doute, et ne
« pas se consoler d'une seule tête injustement et odieuse-
« ment sacrifiée; mais elle ne doit pas regretter son sang,
« quand il a coulé pour faire éclore des vérités éternelles.

« Dieu a mis ce prix à la germination et à l'éclosion de ses
« desseins sur l'homme. Les idées végètent de sang hu-
« main. Les révélations descendent des échafauds. Toutes
« les religions se divinisent par les martyrs. Pardonnons-
« nous donc, fils des combattants ou des victimes. Récon-
« cilions - nous sur leurs tombeaux, pour reprendre leur
« œuvre interrompue ! »

Nous avons ajouté ces paroles :

« Oh ! non, non, les idées ne végètent pas dans le sang !
et Dieu n'a point mis ce prix à la germination et à l'éclosion de ses desseins sur l'homme ! Eh, quoi ! vous associez
ainsi Dieu aux abominables excès qui ont dû brouiller la
république avec le monde ! et votre philosophie abandon-
nant la charité, ne recule pas devant l'échafaud pour faire
triompher ce que vous croyez être la vérité. Prenez garde
que cette sanguinaire conclusion ne soit un jour retournée
contre vous-même ! et que l'on ne vous dise aussi : Les révélations descendent de l'échafaud !

« Horrible pensée, qui est loin de votre âme, et que votre
esprit troublé par un noble et immense besoin de popula-
rité a formulée sans la participation de votre cœur. Et depuis quand, bon Dieu ! a-t-on ainsi d'un trait de plume
lavé le sang qui souille encore, malgré ses quatre fon-
taines, la place de la Révolution, les flots de la Loire, ceux
du Rhône et les murs des prisons ? Et depuis quand a-t-on
ainsi caché la vérité au peuple, en lui disant : Tu as bien
fait !

« Non, non, il ne faisait pas bien, en voulant consacrer
de nobles principes par l'effusion du sang ! Non, non, il ne
faisait pas bien ! car il dépréciait son œuvre ; et quand ses
braves soldats défendaient le sol sacré de la patrie, il leur
ôtait de leur puissance, de leur force et de leur enthou-
siasme en commettant d'horribles excès.

« Oh ! la divinité de M. de Lamartine n'est donc plus une

divinité de paix, de concorde et de charité, puisqu'il lui faut du sang ! c'est donc un de ces dieux barbares de l'antiquité qui ne se laissaient apaiser que par des victimes humaines ! Non, non, la vérité n'est point avec vous, ô noble penseur, loyal, mais versatile et entraîné ! Non, non, la vérité n'est point avec vous, et nul ne vous l'a dit dans le banquet orageux qui vous a été donné sur les bords de la Saône !

« Il fallait proclamer bien haut que les vérités éternelles n'ont pas besoin de sang pour éclore, grandir et fructifier !... Il fallait vous dire que c'est un blasphème de comparer le christianisme à la révolution ; car le christianisme a grandi par le sang des martyrs, mais les martyrs n'en avaient point versé !!...

« Et vous, porteur des vérités soi-disant éternelles, vous voulez les introniser dans le sang ! vous avez le flambeau... et la hache !... dans la même main ! Vous voyez qu'il n'y a point identité. Le Christ est mort crucifié, mais a-t-il souillé sa cause ! Ah ! le jour où les martyrs de la liberté seront purs de sang humain, alors, *mais alors seulement,* ils auront de la puissance et de la force !

« Oh ! protestons, protestons tous, tant que nous sommes, contre cette affreuse doctrine de sang qui, loin de vivifier les idées, les abîme dans le gouffre de l'exécration et de l'oubli, et disons : Continuons la pensée de fraternité vraie, sans en appeler jamais à la violence ! »

Ces paroles, dictées par le saint amour du vrai, par la pensée d'un triomphe philosophique et non sanguinaire des idées d'amélioration sociale, ont motivé de la part du noble auteur une protestation qui l'honore et qui est flatteuse aussi pour celui qui l'a provoquée ; nos lecteurs jugeront si les explications si loyales de l'auteur font disparaître la gravité de cette cruelle assertion : *Les idées végètent de sang humain. Dieu a mis ce prix à l'éclosion de ses desseins sur l'homme!* Pour nous, il est évident qu'il y a une contradiction entre la première partie de la conclusion citée, et la seconde, que nous donnerons après la lettre de M. de Lamartine :

« *M. Jules Paulet.*

« Saint-Point, 5 août 1847.

« Monsieur,

« Vous êtes non-seulement un homme de bonne foi, mais vous êtes encore un homme bienveillant. Si vous vous trompez en m'interprétant, il faut donc que je me sois trompé moi-même en écrivant; permettez que je proteste ou que j'éclaircisse.

« J'ai écrit cette vérité historique et presque banale : — « Les idées végètent de sang humain : toutes les révélations descendent de l'échafaud. » — Vous en concluez que je passe condamnation sur le sang versé, et que je me résigne à la nécessité de l'échafaud. Si ma phrase avait cette signification dans mon esprit, mon livre aurait dû tomber de vos mains et mon nom s'effacer de votre mémoire. Mais le livre n'est qu'une protestation en huit volumes contre cette prétendue nécessité du crime. Il n'a été écrit que pour séparer le sang de la vérité. J'y ai montré à toutes les pages que le meurtre révolutionnaire, en suppliciant les victimes, n'a tué que la Révolution ; que chacun des partis, en recourant à la mort, n'a fait que motiver, préparer, justifier sa propre mort; que Danton a succombé pour avoir provoqué les assassinats périodiques ; Robespierre, pour n'avoir pas eu le courage de les abolir. Je croyais avoir fait un code de morale et d'humanité en action : j'aurais écrit dans cette phrase un code de bourreau. Relisez-la, Monsieur, ne la séparez pas de celles qui précèdent ni de celles qui suivent, et vous reconnaîtrez tout de suite que ces mots : « *Les idées végètent de sang humain,* » s'appliquent au sang répandu par les victimes volontaires d'une vérité pour laquelle ces victimes et ces martyrs meurent, et nullement au sang versé par les bourreaux qui immolent. Lisez, je vous prie, les deux ou trois phrases qui sont le commentaire de celle-là; le vrai sens vous réapparaîtra avec évidence. Je n'ai pas le livre sous les yeux, mais je suis sûr de ma pensée, et je m'en rapporte à votre interprétation comme à votre justice. Quand la haine m'interprète odieusement, je ne réponds rien : c'est son métier. Mais quand une bienveillance comme la vôtre se trompe, j'y prends garde; je me justifie ou je me corrige.

« Soyez assez bon, Monsieur, pour donner quelque publicité à ma réclamation dans la *Revue* que vous rédigez, et restez surtout bien convaincu qu'il n'y aura jamais une goutte de sang au bout de cette plume, dont vous avez bien voulu si souvent honorer, à défaut de génie, la droiture et la pureté d'intention. « DE LAMARTINE. »

Cette lettre si noble et si loyale n'étonne nullement de la part de son loyal et noble auteur; elle est sortie du cœur, mais elle ne détruit pas le danger des paroles tombées de sa bouche : *Les révélations descendent des échafauds !* Eh! qui dira que toutes les révélations utiles soient descendues! Alors ne pourra-t-on vous demander encore des échafauds pour les en faire descendre?

Oh! nous, nous disons : *Les révélations descendent du Ciel; elles s'égarent, se perdent et se noient dans le sang, lorsqu'elles descendent des échafauds !* Oh! par grâce, laissez Dieu sans intermédiaire avec l'homme; et si vous lui en donnez, que ce ne soit pas la hache du bourreau.

Voyons maintenant, en citant les dernières phrases du passage final, si nous arriverons à détruire l'effet de la première partie de cette terrible conclusion montagnarde :

« Le crime a tout perdu, ajoute M. de Lamartine, en se
« mêlant dans les rangs de la république. Combattre, ce
« n'est pas immoler. Otons le crime de la cause du peuple
« comme une arme qui lui a percé la main et qui a chan-
« gé la liberté en despotisme. Ne cherchons pas à justifier
« l'échafaud par la patrie et les proscriptions par la li-
« berté. N'endurcissons pas l'âme du siècle par le so-
« phisme de l'énergie révolutionnaire; laissons son cœur
« à l'humanité, c'est le plus sûr et le plus infaillible des
« principes, et résignons-nous à la condition des choses
« humaines. L'histoire de la Révolution est glorieuse et
« triste comme le lendemain d'une victoire et comme
« la veille d'un autre combat. Mais si cette histoire est
« pleine de deuil, elle est pleine surtout de foi. Elle res-
« semble au drame antique, où, pendant que le narrateur
« fait le récit, le chœur du peuple chante la gloire, pleure
« les victimes et élève un hymne de consolation et d'es-
« pérance à Dieu ! »

Vous le voyez, ô noble penseur! la vérité vraie vous
entraîne, et vous dites *le crime a tout perdu en se mêlant
dans les rangs de la république.* Dieu n'a donc pas mis ce
prix à l'éclosion de ses desseins sur l'homme, puisque le
sang a compromis ce que vous considérez comme provi-
dentiel. Si les révélations descendent des échafauds et que
tout ait été perdu par les échafauds, vous n'avez point de
résultat, vous avez deux forces qui se neutralisent, deux
électricités qui s'absorbent : cherchez donc une autre voie!

Constatons la contradiction; cela vaudra mieux que de
tâcher de coordonner la première et la seconde partie de
la malheureuse conclusion.

Résignons-nous à la condition des choses humaines,
dites-vous encore! Oh! non, non, ne nous résignons pas à
conquérir quelques bribes de liberté équivoque par l'assas-
sinat et l'incendie; ne nous résignons pas à demander à

l'échafaud la réalisation de quelque constitution ignorante, sortie du cerveau de quelque publiciste obscur et sans portée, qui armerait le monde pour ne pas laisser porter atteinte à son amour-propre d'auteur.

Et pourquoi le chef de la doctrine icarienne, M. Cabet, qui sème le communisme et qui, sans le vouloir, recueille le désordre; pourquoi M. Victor Considérant, le chef des socialistes modernes qui veulent faire descendre l'harmonie sidérale et l'attraction parmi les hommes, ne diraient-ils pas : Et nous aussi, nous voulons consacrer nos théories; *les révélations descendent des échafauds, résignons-nous à la condition des choses humaines.*

Et si, descendant plus bas dans l'échelle des soi-disant réformateurs, nous arrivons à ceux qui réimpriment Marat et qui le déifient, à ceux que Babeuf et Saint-Simon n'effraient pas, n'aurons-nous pas à craindre que la théorie des 300,000 têtes, demandées par le premier pour le triomphe de ses principes; la loi agraire, non pas la loi romaine qui ne partageait que les terres conquises, mais la loi niaise qui veut le partage de tous les biens acquis qu'elle désigne comme vols; la loi agraire réclamée par le second, et la déification de l'intérêt matériel proclamée par le dernier, ne demandent aussi la consécration de l'échafaud?

Oh! non, nous ne nous résignons pas à ce que vous appelez la condition des choses humaines; car cette condition, il faut la nier : il faut trouver le progrès, le vrai, le beau, par d'autres voies que celles des échafauds! beau triomphe, que d'éteindre dans le sang la voix des contradicteurs! La condition des choses humaines, c'est le progrès sans effusion de sang! La Saint-Barthélemi a fait plus de protestants qu'elle n'en a tués, l'exécrable massacre des prisons a fait plus de royalistes qu'il n'en a immolés, et votre livre, littérairement si beau, fera plus de légitimistes que de montagnards, car sa conclusion effraiera bien des consciences, mais elle appuiera bien des théories sanglantes!

Montrons aux partis leur inconséquence : aujourd'hui on abat la Bastille, demain la Bastille reparaît, seulement elle s'appelle la Conciergerie, le Temple, etc. Il y a plusieurs bastilles, mille fois plus odieuses que la première. On tue le roi aujourd'hui, demain il reparaît; on le flatte, on l'encense, seulement il s'appelle Napoléon. Et les Montagnards qui ont tué le roi Louis XVI qui voulait le bonheur du peuple, font le lendemain antichambre dans le palais d'un autre Louis XIV qui ne veut que de la gloire. Détestable versatilité des partis qu'il faut flétrir, pour n'accueillir que ce qui est vraiment grand et noble, philosophiquement vrai dans le sens absolu.

Vous comparez l'histoire de la Révolution au drame antique! vous oubliez que la fatalité, dans le drame antique, poussait le bras du criminel, et que, dans le drame sanglant de 1793, le crime marchait *proprio motu*. Vous ne pouvez pas même comparer le *narrateur* qui s'appelait Fouquier-Tinville, Lebon, Carrier ou Couthon aux Atrides; les Atrides étaient le jouet de la fatalité, ils avaient perdu leur libre arbitre. Quant au *chœur*, c'est une malédiction terrible qu'il jette aux hommes sanguinaires.

Oh! réunissons-nous à lui, ne pardonnons pas le sang versé! proclamons que la vérité ne doit triompher que par la conviction, et disons bien haut anathème à ceux qui attendent de l'échafaud le triomphe de leurs théories. La vérité vient de Dieu, et Dieu ne veut point de sang humain.

Jules PAUTET,

De plusieurs Académies, de la Société des gens de lettres,
Bibliothécaire de la ville de Beaune, rédacteur en chef
de la *Revue de la Côte-d'Or*

Beaune, imp. de Blondeau-Dejussieu.

www.ingramcontent.com/pod-product-compliance
Lightning Source LLC
Chambersburg PA
CBHW050720070726
47597CB00009B/3720